"Scheiß drauf,
wir suchen Deine!"

saufrech gesucht und
verschenkt an

_____

von

_____

Andrea VERLAG GMBH

Saufrech
Witze, Party & Comicspaß

Freche Witze, Spiele
& Lieder
saufrech präsentiert

LACHGARANTIE · LACHGARANTIE

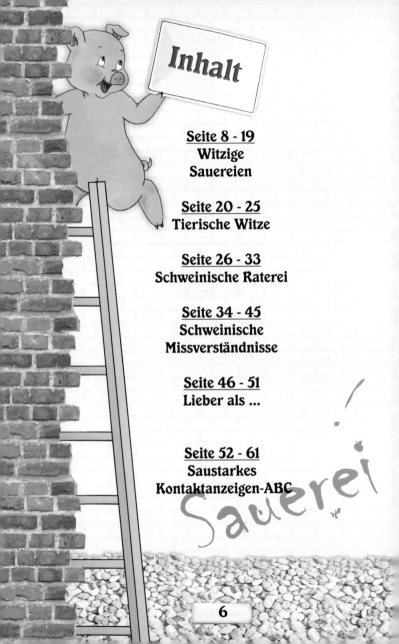

Inhalt

Sauerei

Viel Spaß!

Ein Pärchen beim Sex.
Sie fängt an zu stöhnen:
"Ja, zeig's mir! Sag mir dreckige Sachen!"
Er: "Wohnzimmer, Küche, Bad ..."

Witzige Sauereien

VORSICHT
Lutschgefahr

Bitte nur
im
Stehen
pinkeln

Füttern
ERLAUBT!

"Ich kann keinen mehr hängen sehen", sagte
der Henker und wechselte den Beruf.
"Ich auch nicht", sagte seine Frau und
wechselte den Mann ...!

Eine Frau beim Frauenarzt:
"Herr Doktor, ich habe starke
Unterleibsschmerzen."
"Ganz klar, Sie haben zu wenig Sex.
Aber ich kann Ihnen helfen."
Der Mann zieht seine Hose runter und
besorgt es der Frau.
Danach schickt er sie zu seinem Kollegen, einen
Raum weiter, der soll sich das auch einmal
anschauen. Der Kollege hat dieselbe Diagnose und
die gleiche Therapie. Auch dieser schickt sie
zu seinem Kollegen, einen Raum weiter,
damit der sich das noch einmal anschaut.
Die dritte Diagnose lautet:
"Ganz klar, Sie haben zu viel Sex!"
"Aber Ihre Kollegen haben gesagt,
ich hätte zu wenig Sex!"
"Ach junge Frau, hören Sie doch nicht
auf die Maler."

Ein Mann sitzt
im Theater.
Kurz vor der Vorstellung muss er
noch mal raus.
Er irrt durch die leeren Gänge,
findet aber keine Toilette.
In seiner Verzweiflung pinkelt er in eine
herumstehende Blumenvase, geht zurück in
den Zuschauerraum und setzt sich wieder.
Der Vorhang ist bereits aufgezogen, aber es ist
niemand auf der Bühne.
Er fragt seinen Nachbarn: "Na, war schon was?"
Sagt der: "Ja, typisch Sartre - kommt einer rein,
pinkelt in eine Vase und geht wieder raus ...!"

Susi öffnet ihrem Freund die Haustür
und versteckt dabei einen Vibrator
hinter dem Rücken:
"Schatz, was ist los? Warum kommst du
schon so früh und warum machst du
so ein bedrücktes Gesicht?"
"Ich bin gefeuert worden -
man hat mich durch eine
Maschine ersetzt!"

**Im nächsten Leben werde ich ein Staubsauger!
Dauernd fasst dir einer ans Rohr, der Sack wird
regelmäßig geleert und manchmal werde ich der
Nachbarin geliehen!**

"Warum heiratest du nicht?"
"Ganz ehrlich gesagt, weil ich dauernd
an deine Frau denke."
"Was? Meine Frau! Du Schuft!"
"Keine Angst! Ich fürchte nur, dass ich auch so
einen Hausdrachen erwische."

Ein Mann kommt frühmorgens durch die Wohnungstür,
sturzbetrunken und Lippenstift am Kragen.
Seine Frau brüllt ihn an: "Ich nehme an, es gibt einen
guten Grund, weshalb du hier in diesem Aufzug
um sechs Uhr morgens reinkommst."
Darauf antwortet er:
"Richtig - Frühstück ...!"

Günther zum Vater seiner Angebeteten: "Ich möchte um die Scheide ihrer Tochter anhalten!"
"Also, man hält doch um die Hand einer jungen Frau an!"
"Brauch' ich nicht, mit der Hand kann ich's selber ..."

Geknickt kommt ein Mann vom Arzt,
weil er dort erfahren hat, dass er nur noch
acht Stunden zu leben hat.
Nun will er den letzten Abend genießen.
Er geht mit seiner Frau ins Theater und
anschließend nobel essen.
Als sie nach Hause kommen, meint er:
"Nun bleiben uns noch zwei Stunden.
Was machen wir denn noch Schönes?"
Frau zurück: "Nichts, du Egoist! Ich muss
morgen früh raus, während du
liegen bleiben kannst!"

Ein Mann hatte seine Frau Zeit seines Lebens immer betrogen.
Als der Mann starb, beschloss die Frau,
sich an ihm zu rächen.
Sie ließ ihn nackt in den Sarg legen.
In der Nacht nach dem Begräbnis bekam sie jedoch
arge Gewissensbisse, nahm seine Sachen und ging
auf den Friedhof, um ihm diese doch noch anzuziehen.
Die Erde war noch locker und als sie endlich den
Sargdeckel öffnen konnte, war zu ihrem Entsetzen der
Sarg leer.
Nur ein Zettel befand sich darin, auf dem zu
lesen stand:

"Du wirst es
nicht fassen,
ich kann es
nicht lassen.
Liege drei Gräber weiter
bei der Frau Reiter!"

Petra ist neu im Tennisclub.
Nach dem ersten Spiel geht sie ins Club-Restaurant
und bestellt sich zwei Eier.
Da fragt die Serviererin:
"Mitglied?" - "Nein, lieber ohne!"

Am Morgen nach der ersten Nacht.
Sie: "Was bist du eigentlich von Beruf?"
Er: "Anästhesist."
Sie: "Dachte ich mir schon, ich hab überhaupt nichts
gemerkt."

Ein 86-Jähriger geht zum Doktor:
"Ich werde nächste Woche nochmals heiraten,
Herr Doktor."
"Schön für Sie. Wie alt ist denn Ihre Braut?"
"19", erwidert der Alte. "Ach, du lieber Gott",
sagt der Doktor. "Ich muss Sie warnen, jegliche
Aktivitäten im Bett können tödlich sein."
"O.K.", sagt der Mann, "wenn sie stirbt, dann stirbt
sie eben."

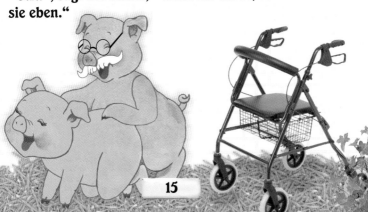

15

Büro

"Warum ist deine Frau so eifersüchtig auf deine Sekretärin?"
"Weil sie vorher meine Sekretärin war!"

Drei Sekretärinnen unterhalten sich.
Sagt die erste: "Ich habe im Schreibtisch
vom Chef ein Kondom gefunden."
Erwidert die zweite:
"Ja, ich habe ein Loch reingestochen."
Erschrickt die dritte:
"Ich glaub',
mir wird schlecht!"

Kondom

Sagt Erwin zu seinem Chef:
"Boss, heute Nacht habe ich geträumt,
Sie seien in ein Fass mit Honig gefallen
und ich in ein Fass mit Jauche."
"So sollte es wohl sein", meint der Chef überheblich.
"Aber Boss, der Traum ging noch weiter."
"Und wie?"
"Anschließend mussten wir uns gegenseitig ablecken!"

Kommt eine Frau
zum Arzt:
"Herr Doktor, immer wenn ich
eine Zigarette rauche,
muss ich an Sex denken."
Arzt: "Ganz ruhig,
setzen wir uns erst mal
und rauchen eine."

Die alleinstehende Putzfrau hat
ein Baby bekommen.
Auf die Frage, wer der Vater sei,
antwortet sie:
"Weiß ich doch nicht! Denken
Sie vielleicht, ich dreh mich
jedes Mal um,
wenn ich die Treppe wische?"

Sauerei!

"Peter, warum bist du denn so sauer?"
"Ach, ich hab der Heidi, die oben auf der Alm wohnt, fast jeden Tag einen Liebesbrief geschrieben und jetzt kriegt sie ein Kind vom Briefträger!"

Der Millionär, 76,
hat noch einmal
geheiratet.
In der Hochzeitsnacht sagt er
zu seiner jungen Frau:
"Liebling, du wirst
mich noch umbringen.
Ich weiß ja noch nicht mal,
ob ich einen Orgasmus bekomme
oder einen Herzinfarkt."
„Das kannst du doch leicht
unterscheiden:
Wenn du mir an die Brust fasst,
ist es ein Orgasmus.
Und wenn du dir an die Brust fasst,
ein Infarkt!"

Tierisch starke Witze

Ein Papagei hat die
Angewohnheit, Hühner zu bespringen,
und der Farmer droht ihm:
"Ich reiße dir sämtliche Kopffedern aus,
wenn ich dich noch einmal dabei erwische."
Eine Woche geht das gut, dann bespringt der
Papagei wieder eine Henne.
Der Farmer rupft ihm die Kopffedern aus.
Einige Tage später lädt der Farmer Freunde und
Bekannte zu einem großen Fest ein. Dem Papagei
wird die Rolle eines Hausdieners zugewiesen.
Er soll den Gästen sagen, wo sie ihre Mäntel und
Hüte abzulegen haben. "Die Damen rechts", kreischt
der Papagei, "die Damen rechts, die Herren links."
Als zwei kahlköpfige Männer hereinkommen,
kreischt der Papagei laut und deutlich:
"Und ihr beiden Hühnerbumser kommt zu mir
auf die Stange!"

"Mein Gott,
das Weib ist ja der helle Wahnsinn!",
ruft das Glühwürmchen
entzückt aus und
fliegt auf
die 100-Watt-Birne zu.

Ein Pinguin hängt kotzend aus
einem Kängurubeutel.
Gleichzeitig murmelt ein Kängurubaby
bibbernd auf einer Eisscholle:
"Scheiß Schüleraustausch!"

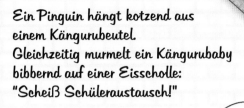

„Heute nehme ich mal den Intercity",
sagte der Floh und sprang vom Dackel
auf den Windhund.

Die Hebamme zählt:
"993, 994, 995,
996, 997, 998,
999, 1000, 1001."
"Hurra", jubelt
der Tausendfüßler.
"Es ist ein Junge!"

Die Prinzessin zum Frosch:
"Muss ich dich jetzt küssen, damit du ein Prinz wirst?"
Der Frosch: "Nein, das ist nur im Märchen so.
Mir musst du einen blasen ..."

Petrus sitzt an der Himmelstüre und hört plötzlich ein Klopfen. Er öffnet und sieht einen Frosch, der um Einlass bittet. "Wer bist du denn?" "Ich bin ein Frosch und möchte in den Himmel!" "Was hast du den ganzen Tag gemacht?" "Rein in das Tümpelchen, raus aus dem Tümpelchen ..." "Also gut, dann komm' herein!" Es klopft wieder. Vor der Tür steht noch ein Frosch und sagt das Gleiche. Und so geht es immer weiter, bis Petrus die Sprüche schon auswendig kann. Den nächsten Frosch lässt er kaum noch zu Wort kommen, doch der Frosch erwidert: "Nein - ich bin Tümpelchen!"

"Warum willst du dich scheiden lassen?", fragt die Amsel
ihre Nachbarin.
"Mein Mann hat eine Meise."

Es treffen sich zwei Fische.
Fragt der eine Fisch den anderen: „Kannst du mir
mal deinen Kamm borgen?"
"Nein", antwortet der andere, „du hast mir zu viele
Schuppen."

Ein Krakenmännchen flirtet
mit einem Krakenweibchen.
Plötzlich faucht sie:
"Nimm die Hand da weg und die Hand auch und
die Hand auch und die Hand auch und die Hand auch
und die Hand auch und die Hand auch und
die Hand auch!"

Erklärt der Igel seinem Kollegen:
"Ich lasse mich scheiden."
"Warum denn?", will der wissen.
"Ach, ich halte die ewigen Sticheleien meiner Frau
einfach nicht mehr aus!"

Der Vater kommt spät in der Nacht nach Hause.
Da hört er aus dem Zimmer seiner Tochter
ein Stöhnen.
Besorgt öffnet er leise die Tür und
muss mit ansehen, wie es sich seine Tochter
mit einer Banane besorgt.
Am anderen Morgen bindet er die Banane an
einem Strick fest und geht,
die Banane hinter sich herziehend,
durch die Wohnung.
Als die Tochter daraufhin einen
roten Kopf bekommt,
fragt die Mutter, was das zu bedeuten habe.
Darauf der Vater:
"Ich zeige meinem Schwiegersohn
die Wohnung..."

Schweinische
Raterei

Schweinerei
des
Jahres

Sieger

**Was passiert, wenn man
einem Glühwürmchen Viagra gibt?
Es wird eine Stehlampe.**

**Was ist eine Viagrette?
Die kleine Pille für den Ständer zwischendurch.**

**Was machen 30 Schniedel in einem Bus?
Eine Spritztour!**

**Welches Volk ist patriotischer,
die Italiener oder die Franzosen?
Natürlich die Italiener.
Die trinken Wein aus Römern.
Oder haben Sie schon mal gehört,
dass die Franzosen
Wein aus Parisern trinken?**

**Was ist der Unterschied zwischen
einer 8-Jährigen, einer 18-Jährigen,
einer 28-Jährigen und einer 38-Jährigen?**

Die 8-Jährige bringt man ins Bett und erzählt
ihr ein Märchen,
der 18-Jährigen erzählt man ein Märchen,
um sie ins Bett zu kriegen,
die 28-Jährige ist ein Märchen im Bett und
die 38-Jährige sagt "Erzähl' keine Märchen
und komm' ins Bett!"

**Was ist der Unterschied zwischen einem
erfolgreichen und einem erfolglosen Jäger?**

Der erfolgreiche Jäger hat den Hasen im Rucksack,
die Büchse geschultert und
neben ihm steht der Hund.
Der erfolglose Jäger hat
den Hasen im Bett,
die Hand an der Büchse
und der Hund steht nicht!

... weil es stolze 90 Minuten dauert,
weil Versager ausgewechselt werden,
weil keiner dumm guckt, wenn du laut schreist,
weil es schon nach 45 Minuten in
die zweite Runde geht,
weil man das Spiel auch abblasen kann,
weil man abschalten kann, wenn es langweilig ist,
weil nach dem Abpfiff keiner schnarcht,
weil man die Pfeifen schon vor dem Spiel erkennt,
weil nur die Ecke eine Fahne hat,
weil's immer die Hoffnung auf Verlängerung gibt
und
weil Männer dabei wissen, wo der Anstoßpunkt ist!

Was passiert, wenn Sie Viagra und Valium
gleichzeitig einnehmen?
**Sie haben einen Mörderständer
und es ist Ihnen völlig egal!**

Warum wird der Penis vom Job-Center
als schwer vermittelbar eingestuft?
**Weil er Krampfadern und ein Loch im Kopf hat und
nicht den ganzen Tag stehen kann.**

Warum schwimmen Eichhörnchen auf dem Rücken?
Damit ihre Nüsse nicht nass werden.

Was haben eine Frau als Vorgesetzte und
eine Landmiene gemeinsam?
Wenn Du an die Nippel kommst, fliegst Du.

Was sagt ein Mann, der bis zur Gürtellinie
im Wasser steht?
"Das geht über meinen Verstand!"

Warum lädt die Blondine immer eine ganze Gruppe
von Leuten ein, um sich Filme anzuschauen?
Es heißt doch: Freigegeben ab 18!

Was ist der Unterschied
zwischen geil und pervers?
**Geil ist es, wenn Du eine Frau mit
einer Feder streichelst.
Pervers ist es, wenn das Huhn noch dran hängt.**

Wie kann man ein Igelmännchen von
einem Igelmädchen unterscheiden?
**Das Igelmännchen
hat einen Stachel mehr!**

Was haben Frauen und Orkane gemeinsam?
**Beide sind heiß und feucht, wenn sie kommen.
Und wenn sie gehen,
nehmen sie Häuser und Autos mit!**

**Was ist der Unterschied zwischen
mutig, übermütig und schlagfertig?**
Mutig ist ein älterer Herr,
der nur in Unterhose in die Oper geht.
Übermütig ist er, wenn er die Unterhose
an der Garderobe abgibt.
Schlagfertig ist die Garderobiere, die ihn fragt,
ob er seinen Knirps nicht auch abgeben möchte.

**Was ist der Unterschied zwischen
einem Kritiker und einem Eunuchen?**
Da gibts keinen.
Beide wissen genau, wie man es
machen muss, können's aber nicht!

Was ist eine Blondine im Wasserbett?
Eine Bohrinsel!

**Was macht eine Frau,
wenn ihr der Mann
davon rennt?**
Sie gibt ihm freudig
den Müll mit!

Willst du mal
die Tochter streicheln,
musst du erst
der Mutter schmeicheln!

Schweinische
Missverständnisse

Die Verjüngungskur

Eine Familie aus der Steppe Afrikas ist zum ersten
Mal in Deutschland.
Sie betreten völlig erstaunt ein riesiges Kaufhaus.
Während die Mutter und der Sohn durch die vollen
Auslagen schlendern, steht der Vater eine ganze
Weile vor einer geteilten Metalltür. Er beobachtet
das Geschehen eine Zeit lang, bis sich sein Sohn zu
ihm stellt. Die Tür öffnet sich wie von Geisterhand
und beide schauen in einen kleinen Raum.
Fragt der Sohn: "Vater, was ist das?"
Der Vater: "Mein lieber Sohn, so etwas habe ich in
meinem ganzen Leben noch nicht gesehen!"
Nun humpelt eine alte, gebrechliche Frau mit
schrumpeligem Gesicht und riesigem Buckel in den
Aufzug. Hinter ihr schließt sich die Tür.
Vater und Sohn beobachten die Lampen über der
Tür, wie sie nach und nach aufleuchten:
1 - 2 - 3 - 4 - 3 - 2 - 1.
Die Tür geht wieder auf und eine wohlgeformte und
fantastisch aussehende Blondine steigt aus.
Da stößt der Vater hektisch seinen Sohn an:
"Schnell, mein Junge! Hol' sofort deine Mutter!"

nachher

vorher

36

Bargeflüster

In einer Bar nähert sich eine wunderschöne Frau
dem Tresen.
Sie winkt den Barkeeper zu sich. Mit einer
verführerischen Handbewegung animiert sie ihn,
etwas näher zu kommen.
Sie beugt sich ebenfalls zu ihm hinüber und streichelt
um sein Kinn.
"Sind Sie hier der Chef?" säuselt sie zärtlich in sein
Ohr und spielt ihm dabei an seinem Ohrläppchen.
"Ähm, naja, also eigentlich nicht, gnädige Frau."
"Können Sie denn trotzdem etwas für mich tun,
mein Herr?" Ihre Finger kreisen um seine Lippen.
Der Barkeeper findet gefallen an der ganzen Situation.
"Aber natürlich, gerne doch."
"Ich möchte nur darauf hinweisen ...", haucht sie ihm
ins Ohr und lässt dabei ihren Finger in seinen Mund
gleiten. Er lutscht genüsslich daran.
"... dass es auf der Damentoilette weder
Papier, Handtücher
noch Seife gibt!"

Im Treppenhaus

Bauernsohn Sepp besucht seine Tante
in Berlin. Er war noch nie von zu Hause fort.
Seine Tante Frieda wohnt in einem riesigen Hochhaus.
Als sich Sepp eines Tages die vielen Stufen zur
Wohnungstür herauf quält, öffnet sich eine Tür und
eine wunderschöne Frau betritt den Flur. Sie sieht
einfach sexy aus: langes dunkles Haar,
knallrote Lippen, eine Traumfigur und nur mit
einem Morgenmantel bekleidet.
Dem Sepp wird ganz heiß, er lächelt sie vor lauter
Verlegenheit an, sie lächelt zurück und beide
beginnen eine Unterhaltung.
Dem Sepp wird immer heißer, denn sie räkelt sich in
ihrem Türrahmen und ihr Morgenmantel verrutscht.
Mein Gott, denkt Sepp, sie hat ja gar nichts darunter!
Sepp versucht krampfhaft den Augenkontakt zu ihr
aufrecht zu erhalten und wischt sich die
Schweißperlen von der Stirn. Es wird noch heißer,
sie öffnet ihren Morgenmantel und streichelt sich
über ihre langen Beine.
Plötzlich legt sie die Hand auf Sepp's Schulter und
haucht ihm leise in's Ohr:

"Lass uns in meine Wohnung gehen,
ich höre jemanden kommen!"

Sepp freut sich natürlich über dieses verlockende
Angebot und kann sein Glück gar nicht fassen.
Sie schließt die Tür und streift ihren Morgenmantel
ab. Nun steht sie splitternackt vor ihm und
haucht leise in sein Ohr:
"Schau mich genau an und sage mir, was das Beste
an mir ist?"
Sepp antwortet zielsicher: "Es müssen deine Ohren
sein!"
Ganz erstaunt fragt das nackte Wesen:
"Wie kommst du denn darauf? Schau dir doch nur
meine wohlgeformten Brüste an, sie sind voll und
hängen kein bißchen. Mein Hintern ist fest,
meine Haut ist straff und mein Gesicht ...
Wieso, um Himmels Willen findest du meine Ohren
am Besten?"
Sepp ist ganz verwirrt und stottert:
"Vorhin, draußen im Flur, als du sagtest du hörst
jemanden kommen ...
                    ... Das war ich!"

Schöner Geburtstag

Es war wieder soweit, ich hatte Geburtstag. Sollte ich mich freuen oder nicht? Wieder ein Jahr älter.

Meine Frau würde bestimmt schon in der Küche mit einem riesigen Blumenstrauß und einem leckeren Frühstück auf mich warten. Aber was war das?

Meine Frau drückte mir einen ganz gewöhnlichen Kuss auf die Wange und wünschte mir einen schönen Arbeitstag. Das fing ja gut an. Genau das Richtige für meine Depressionen. Na gut, im Büro würde mich Frau Keller bestimmt nicht vergessen haben. Sekretärinnen denken schließlich immer an alles.

Also ging ich ins Büro und wie ich es vorhergesehen hatte, stand Frau Keller mit einem großen Blumenstrauß vor mir und gratulierte mir. Das stimmte mich etwas fröhlicher - wenigstens hatte sie daran gedacht.

Frau Keller fragte mich, ob ich nicht zur Feier des Tages mit ihr zu Mittag essen möchte. Ich willigte ein.

"Das ist eine gute Idee, Frau Keller!"

Gegen Mittag verließ ich also mit meiner Sekretärin das Büro und wir fuhren in ein etwas abgelegenes Restaurant. Frau Keller bemühte sich wirklich außergewöhnlich!

Nach dem Essen fuhren wir in die Stadt zurück und Frau Keller lud mich doch tatsächlich noch zu einem Drink zu sich nach Hause ein.
Mein Geburtstag fing langsam an, mir doch zu gefallen. Und dann kam der Höhepunkt!

Nach einigen Drinks sagte Frau Keller zu mir:
"Entschuldigen Sie mich bitte, ich werde mir etwas Bequemeres anziehen."
Sie verließ das Zimmer.
Dann öffnete sich ihre Schlafzimmertür.
Da stand sie nun, groß, schlank - einfach sexy.
Ihr folgten meine Frau und die Kinder.

Und ich!?

Ich saß splitternackt auf dem Sofa.

Wenn Mann nicht hören kann

Auf einem Langstreckenflug musste ein Passagier dringend die Toilette benutzen, aber die Herrentoilette war besetzt.

Die Stewardess bemerkte die Dringlichkeit und erlaubte ihm, auf die Damentoilette zu gehen.

Wie es sich für eine gut ausgebildetete Stewardess gehört, gab sie ihm noch eine kurze Einweisung:

"Verehrter Herr, ich muss sie darauf hinweisen, die dort angebrachten Knöpfe

| WW | WL | PQ | ATE |

auf keinen Fall zu betätigen!"

Aber die Neugierde siegte dann doch. Er drückte den Knopf "WW". Ein warmer Wasserstrahl umspülte daraufhin sein Hinterteil. Das ist ja ein toller Service auf dem Damenklo', dachte sich der Passagier und drückte den Knopf "WL". Warme Luft trocknete seinen Hintern. Bald darauf drückte er den dritten Knopf, auf dem stand "PQ" und eine große Puderquaste puderte ihm dezent seinen Po. So schlimm kann ja der vierte Knopf nicht sein, dachte er sich und betätigte auch diesen.

Stunden später kam er in einem Krankenhaus wieder zu sich.

Er klingelte nach der Schwester und fragte, ob das Flugzeug abgestürzt sei. Sie erklärte ihm, dass er die Warnung der Stewardess nicht befolgt und den Knopf "ATE" gedrückt hatte.

"Was bedeutet denn "ATE", fragte er sie.

Die Schwester erklärte ihm: "Die Abkürzung "ATE" steht für: 'Automatischer Tampon Entferner' ".

Sie wünschte ihm noch gute Besserung und sagte, sein Penis läge konserviert auf dem Regal neben seinem Bett.

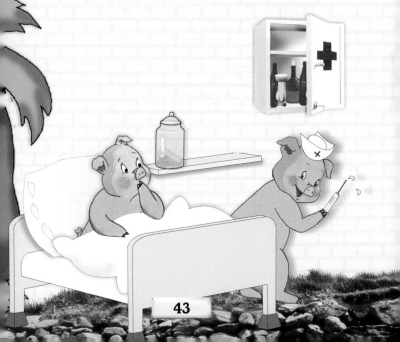

Ein Bauer und sein Pferd

Als ein Bauer in seinen Stall ging, bemerkte er, dass sein Pferd krank war.

Sofort rief er den Tierarzt.

"Ihr Pferd hat sich einen gefährlichen Virus eingefangen. Ich gebe Ihnen eine Medizin, die Sie ihm bitte die nächsten drei Tage verabreichen. Ich komme dann wieder und untersuche Ihr Pferd noch einmal.

Wenn es dann immer noch krank ist, müssen wir das Tier einschläfern."

Ein Schwein, welches ebenfalls in dem Stall lebte, hörte dieses.

Der Bauer gab dem Pferd die Medizin, aber es trat keine Besserung ein.

Das Schwein ging zum Pferd und meinte:

"Los, mein Freund, steh endlich auf!"

Am nächsten Tag dasselbe Schauspiel.

Das Schwein versuchte unaufhörlich das Pferd zu motivieren.

"Komm', steh auf, sonst musst du sterben!"

Am dritten Tag gab der Bauer erneut seinem Pferd die Medizin, aber wieder ohne Erfolg.
Der Tierarzt untersuchte das Pferd und sagte dann zum Bauern: "Es hat keinen Sinn mehr, ich muss das Pferd einschläfern."

Als das Schwein das hörte, rannte es schnell zum Pferd und schrie es an:
"Los, steh endlich auf! Der Tierarzt will dich einschläfern. Das ist jetzt deine letzte Chance!"
Das Pferd nahm all seine Kräfte zusammen und stand auf.
Der Bauer sah das und war außer sich vor Freude.
"Ein Wunder ist geschehen, sehen Sie nur, Herr Doktor. Das muss gefeiert werden! Lasst uns das Schwein schlachten und ein großes Grillfest veranstalten!"

Und die Moral von der Geschichte:

"Mische dich nicht in Sachen ein, die dich nichts angehen!"

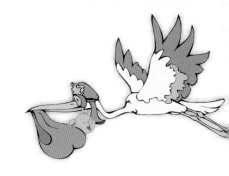

Lieber als ...

Lieber gut drin als
fein raus!

Lieber ein Mädchen
im Stroh als
eine Stecknadel
im Heuhaufen!

Lieber imposant
als Kies
in der Muschel!

Lieber ein Pariser
im Nachtschrank als
einen Hamburger
im Bett!

Lieber im Hellen
vögeln als
im Dunkeln
munkeln!

Lieber Feste
feiern
als feste arbeiten!

Lieber alternativ
als alt
und naiv!

48

Lieber mal blau sein
als sich ewig
schwarz ärgern!

Lieber
Frost am Morgen
als
Frust am Abend!

Lieber im Stall
eine fette Sau
als im Haus
eine dicke Frau!

Lieber einen Frosch
im Hals als
gar kein Frühstück!

Lieber die Sau
raus lassen
als einen Bullen
reinlassen!

Lieber
die Sekretärin
auf dem Schoß
als den Chef
im Nacken!

Lieber alt sein und jung
aussehen als jung sein
und alt aussehen!

Lieber Himbeergeist
als gar keinen Verstand!

Lieber die Sekretärin
befriedigen
als den Chef decken!

Lieber
Bockbier als
Ziegenmilch!

Lieber Bierzelt als Teestube!

Lieber Hand in Hand
mit der Freundin
als Rücken an Rücken
mit der Frau!

Likör

Lieber eine Mieze im Bett als einen Kater im Kopf!

Lieber eine fette Ente in der Pfanne als eine dumme Gans am Hals!

LACHGARANTIE · LACHGARANTIE

Lieber eine nasse Pflaume als eine weiche Birne!

Lieber eine Biene im Bett als eine Mücke im Zimmer!

Lieber eine kleine Jacke als eine große Macke!

Lieber eine Schüchterne im Bett als eine Tolle im Haar!

Schwein sein  ist schön!

Saustarkes Kontaktanzeigen-ABC

Pärchen sucht liebevolle Sau für gemeinsame Sexspielchen - Chiffre: 661

Hübscher Eber sucht häusliche, hübsche, vollschlanke Sau zur Familiengründung - Chiffre: 662

Welcher nette, starke ER mag Sex im Schlammbad? Bitte melden! Chiffre: 663

Anspruchsvoll ➲ eine echte 24-Karat-Schlampe

SIE SUCHT IHN -WÖRTERBUCH-

Apart ➲ schweinehässlich, aber modebewusst

Bezaubernd ➲ eingebildet

Direkt ➲ kein Funken Benehmen

Erfahren ➲ verlebt

Familienorientiert ➲ torschlusspanisch

Faszinierend ➲ selbstgefällig und eingebildet

Genießerisch ➲ bei Tisch zügellos, im Bett leider nicht

Humorvoll ➲ immer albern-fröhlich, ein bisschen drogenabhängig

Jugendliche Mittdreißigerin	⮕	verlogene Mittvierzigerin
Kompliziert **k**ultiviert	⮕	hochgradig neurotische, neureiche, langweilige Snobistin mit Opern-Abo
Lebhafte **L**ady	⮕	End-40-erin mit Zickenalarm
Liebenswert	⮕	unbeholfenes Mädchen in Kinder-Sweatshirts
Naturverbunden	⮕	Öko-Freak mit mangelnder Hygiene und ausgeprägter "Bemoosung"
Reif	⮕	welk
Rubensfigur	⮕	so fett, dass auf der Waage steht: 'Nicht in Gruppen wiegen!'

Schlank ➲ Kleidergröße 42

Sensibel ➲ hysterisch, egozentrisch,
droht mit Selbstmord,
wenn, sie ihren Willen
nicht bekommt

SIE SUCHT IHN
-WÖRTERBUCH-

Sinnlich ➲ gierig, hatte keinen Sex,
seit ihr letzter Mann
sie sitzen ließ

Spirituell ➲ schreibt Gedichte und
erwartet Zustimmung;
heult den Mond an

Südländischer Typ ➲ unrasierte Achselhöhlen,

Süße Maus ➲ heißer Überflieger für kurze
'Leg-dich-drauf-Abenteuer'

So prüfe,
wer sich ewig
bindet,
ob sich ein
bess'rer
Eber findet!

Vegetarierin ➲ geldgeile Hobbyhure

Zierlich ➲ A-Körbchen

SCHWEINEBLATT

200. AUSGABE

ANDREA VERLAG

2007

KONTAKTANZEIGEN

SIE SUCHT IHN

Sie, lebhaft (nicht still), schlank (nicht dick), brünett (nicht blond), sucht ruhigen (nicht lauten) Mann (nicht Frau) für gemeinsame (nicht alleinige) Abendgestaltung (nicht am Tag).
Chiffre w11110

Ich, w, hoffnungslos pleite und schulde jedem Geld, würde gerne Mann kennen lernen, der nicht zu meinen Gläubigern oder zum Finanzamt gehört. Bitte Rückporto beilegen.
Chiffre w11112

Ich, w, 85, habe nur noch wenige Wochen zu leben. Welcher junge Mann, bis 25, versüßt mir die letzten Tage und Nächte?
Ein Millionenerbe garantiert.
Chiffre w11111

Hat sich der Redakteur schon reserviert

Wo die Liebe auch hinfällt - und wenn es auf den Misthaufen ist.

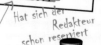

ER SUCHT SIE -WÖRTERBUCH-

Akademiker ➲ Volkshochschüler mit Zertifikat

Bastler ➲ Modellbau-Fan mit penetrantem Eigensinn

Charmant ➲ selbstgefälliger Schleimer

Direkt ➲ hält nichts vom Vorspiel

Familienorientiert ➲ klassischer Stubenhocker mit Pascha-Allüren

Gemütlicher Teddybär ➲ üppig, brummig und behaart

Genussfreudig ➲ Bierbauch mit Minischwanz

Gepflegt ➲ ein wöchentliches Wannenvollbad reicht

Groß ⮕	1,75 Meter
Guter Charakter ⮕	vorbestraft
Humorvoll ⮕	Lachsack mit Furzkissen
Im besten Alter ⮕	scheintot, schnarcht, furzt
Im Herbst des Lebens ⮕	schon kalt
Junggebliebener Mittvierziger ⮕	Frührentner
Kräftig ⮕	fett
Kultiviert ⮕	kann mit Messer und Gabel essen
Männlich ⮕	schwitzender Halbaffe

ER SUCHT SIE -WÖRTERBUCH-

Millionär ➲ Blender mit
Magengeschwür

Naturbursche ➲ riecht streng und wurde von
seiner Cousine entjungfert

Phantasievoll ➲ perverser Wüstling
(Pornosammlung)

Sinnlich ➲ notgeiler Romantiker

Tagesfreizeit ➲ verheirateter Hausmann

Vielseitig interessiert ➲ notorischer Fremdgänger

Zärtlich ➲ Sexmuffel,
vermutlich impotent

200. AUSGABE

SCHWEINEBLATT

2007

ANDREA VERLAG

KONTAKTANZEIGEN

ER SUCHT SIE

Chirurg sucht Frau mit innerer Schönheit. Röntgenbilder bitte an Chiffre m22220

Inhaber einer Fischfabrik sucht nette Sie mit Dauerschnupfen. Chiffre m22222

Spaßvogel, 20, sucht verständnisvolle Sie für gemeinsame Stunden. Wenn Du es magst auf Bananenschalen auszurutschen, Zahnpasta in deinen Haaren zu haben, Reißzwecken in deinen Schuhen, dann melde dich. Du musst aber mehr Humor besitzen als meine letzten 55 Freundinnen. Chiffre m22224

Er, mit ausgeprägter Akne und Buckel sucht Sie. Ich weiß, dass verspricht nicht viel, aber das ist die einzige ernstgemeinte Anzeige auf dieser Seite. Chiffre m22223

"Sagt das Schwein ganz unbeirrt,
"... ist doch wurscht egal, was aus mir wird."

Scherzhaft-frivole Volkslieder

Zeigt her eure Möpse

Melodie nach: "Zeigt her eure Füße"
Text: A. Schlief

Zeigt her eu-re Möp-se, zeigt
her eu-re Schuh` und zwin-kert den
gei-len Bau-ar-bei-tern zu.
Sie flir-ten, sie flir-ten, sie
flir-ten den gan-zen Tag.

Zieht aus eure Höschen,
lasst fallen den BH,
dann könnt ihr euch lieben,
das ist doch wunderbar.
Sie pimpern, sie pimpern,
sie pimpern den ganzen Tag.

Nun seid wieder artig
und zieht euch brav an,
ihr müsst nun zurück
zu dem lieben Ehemann.
Sie putzen, sie putzen,
sie putzen den ganzen Tag.

Schneeflittchen

Melodie nach: "Schneeflöckchen, Weißröckchen"
Text: A. Schlief

Schnee - flitt - chen, geil Schnitt- chen, wann kommst du he - raus? Du wohnst um die E - cke, bei den Zwer - gen im Haus.

Komm zu mir, meine Wilde,
setz' dich schnell auf meinen Schoß,
wackeln Bäume und Büsche
ich lass dich nicht los.

Schneeflittchen, du bringst mich,
noch mal um den Verstand,
komm wir tun es noch einmal
im Steh'n an der Wand.

Schneeflittchen,
geil Schnittchen,
komm, ich deck dich jetzt zu,
dann schlafen wir sicher
in himmlischer Ruh'.

Eine Sauerei ist lustig

Melodie nach: "Eine Seefahrt, die ist lustig"
Text: A. Bigalke

1. Sauerei

Ei - ne Sau - er - ei ist lu - stig, je - de Schwei-ner- ei ist schön, ja, da kann man klei - ne Fer - kel bei den Sau - er - ei - en seh'n. Hol - la - hi, _____ hol - la - ho, _____ hol - la - hi -a, hi - a, hi - a, hol - la - ho! _____ Hol - la - hi - a, hol - la - ho!

2. Sauerei
Eine Sauerei macht durstig,
denn die kostet mächtig Kraft,
auch die kleinen Ferkel saufen,
lachen, bis die Schwarte kracht.
Hollahi, hollaho ...

68

3. Sauerei
Eine Sauerei macht hungrig
nach dem Sauereiverkehr.
Ja, sie kübeln und sie schmatzen
bis die Tröge sind ganz leer.
Hollahi, hollaho ...

4. Sauerei
Eine Sauerei macht müde
auch das stärkste Eberlein
und nun wird gegrunzt bis morgen,
bis zum ersten Sonnenschein.
Hollahi, hollaho ...

5. Sauerei
Eine Sauerei ist lustig
ob nun Männlein oder Schwein,
rumgesaut wird allerorten
lasst uns alle Ferkel sein.
Hollahi, hollaho ...

Zehn kleine Ferkelchen

Melodie nach: "Zehn kleine Negerlein"
Text: A. Bigalke

Zehn kleine Ferkelchen
woll'n bei 'BIG SCHWEINI' sein,
der erste den Container sah,
der ging gleich wieder heim.

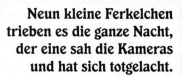

Neun kleine Ferkelchen
trieben es die ganze Nacht,
der eine sah die Kameras
und hat sich totgelacht.

Acht kleine Ferkelchen
aßen Erbsen, Bohnen, Rüben,
der eine pupst die ganze Nacht
und wurden dann vertrieben.

Sieben kleine Ferkelchen
woll'n auch mal Gruppensex,
das eine Schwein hat Hexenschuss,
da war'n es nur noch sechs.

Sechs kleine Ferkelchen
trieben es in Gummistrümpf',
nach Rückkehr von der Schweinerei,
da war'n es nur noch fünf.

Big Schweini

Fünf kleine Ferkelchen
betankten sich mit Bier,
der eine ist nun eingelegt,
da war'n es nur noch vier.

Vier kleine Ferkelchen
feiern saustark schon Finale,
das eine wurde abgeholt
wegen der Randale.

Drei kleine Ferkelchen
saufen flott auch mal zu dritt,
beim Um-die-Wette-Strohalm-Schnaps
kam eines nicht mehr mit.

Zwei kleine Ferkelchen,
die tranken über'n Durst,
viel eines in den Fleischwolf rein
und wurde Schinkenwurst.

Ein kleines Ferkelchen
war einsam und allein,
drum lud es neue Ferkelchen
in seinen Saustall ein.

Die lustige Spielerunde

Küchen-Utensilien ertasten

Mitspieler: pro Spielrunde 5 bis 6 Männer und
eine Frau.

Material: ein Tuch, vier bis fünf Utensilien aus
dem Küchenbereich, wie
zum Beispiel: Kelle, Kochlöffel,
Schneebesen, Kartoffelstampfer und
Messbecher.
Außerdem benötigen Sie unbedingt
eine warme Bockwurst.

Die Männer stellen sich in einer Reihe auf und halten
ihren Gegenstand in Höhe des Genitalbereiches.
Der letze Mann in der Reihe hält die warme Bockwurst
Nun werden der Frau beide Augen verbunden.
Sie muss nun ertasten um welchen Gegenstand es sich
handelt. Lustig wird es dann, wenn die Frau den
letzten Gegenstand ertasten muss. Sie bekommt einen
Riesenschreck, wenn sie die warme Bockwurst in
der Hand hält. Wenn Sie mehrere Spielrunden
machen möchten, müssen Sie die mitspielenden
Frauen vorher in einen
separaten Raum
"verbannen".

Figuren nachbauen

Mitspieler: mindestens 4 Mitspieler
                              und einen Spielleiter

Material: mehrere Augenbinden.

Der Spielleiter dirigiert die restlichen Mitspieler durch das Spiel.
Mehrere Mitspieler werden vor die Tür geschickt. Eine im Raum verbliebene Person stellt sich in Form einer lustigen Skulptur, in die Mitte des Raumes. Ein Mitspieler von draußen muss diese dann mit verbundenen Augen erfühlen und sich genauso hinstellen. Dann kommt der nächste Spieler von draußen rein und macht das gleiche, aber nicht mit der Original-Skulptur sondern mit der letzten Kopie.

Am Ende hat man mehrere Skulpturen nebeneinander stehen, die sich theoretisch nicht voneinander unterscheiden sollten.

75

Das Kartoffelduell

<u>Mitspieler:</u>   alle die mitspielen wollen.

<u>Material:</u>   für jeden Spieler einen Teller,
fünf Kartoffeln und
einen Esslöffel.

Die Spieler sitzen alle an einem Tisch.
Jeder Spieler hat vor sich einen Teller zu stehen,
vor dem fünf Kartoffeln nebeneinander liegen.

Jeder Spieler bekommt einen Esslöffel in die Hand.
Nachdem der Spielleiter das Zeichen zum Start
gegeben hat, muss jeder Spieler die Kartoffeln allein
mit dem Löffel auf seinen Teller bringen, ohne
die Hände zur Hilfe zu nehmen.

Gewonnen hat, wer als erster alle fünf Kartoffeln auf
seinen Teller zu liegen hat.

Klamotten aus dem Sack

Mitspieler: alle die mitspielen wollen und bereit sind, zusammen aus einer Flasche zu trinken

Material: eine Flasche Bier, Cola, Wein oder irgend etwas anderes zum trinken, außerdem Musik und einen Sack mit Kleidungsstücken, es sollten witzige Kleidungsstücke, wie ein großer BH, Schlüpfer, Socken, Mütze, Mieder, Sonnenbrille u.s.w sein.

Die Spieler sitzen in einem Kreis, in dessen Mitte der Sack mit den Kleidungsstücken platziert wird. Solange wie die Musik spielt, wird die Flasche nach jedem Schluck an seinem Nachbarn weitergegeben. Geht die Musik aus, muss der Spieler, der die Flasche in der Hand hält, ein Kleidungsstück anziehen. Das Spiel ist beendet, wenn sich kein Kleidungsstück mehr im Sack befindet. Ein sehr lustiges Spiel, bei dem man unbedingt die Kamera bereit halten sollte.

Dingsdabums

Mitspieler: so viele wie möglich.

Es werden Wörter mit zwei Bedeutungen gesucht.
Sie benötigen für jedes zu erratende Wort zwei
Spieler, die den Raum verlassen und sich auf ein
Wort, das zwei Bedeutungen hat, einigen.
Die restlichen Spieler werden in zwei Mannschaften
eingeteilt. Nun müssen beide Spieler ihrer
jeweiligen Mannschaft das zu erratende Wort erklären,
ohne das Wort zu nennen.
Das gesuchte Wort wird durch das Wort
"Dingsdabums" ersetzt.

Beispiele:
Ball = Spielzeug + Tanzabend
Bart = am Schlüssel + im Gesicht
Erika = Blume + Mädchenname
Rang = Dienstgrad + Theaterplatz

Quicki

Beispiel:

1. Spieler: "Dingsdabums gibt es in vielen schönen Farben."

2. Spieler: "In den Fünfzigern nannten viele Mütter ihre Tochter Dingsdabums."

Lösung: Dingsdabums = Erika

Sieger ist die Mannschaft, die das Wort zuerst erraten hat.

Hupen Sack.-

Mumien wickeln

Mitspieler: bei diesem Spiel können beliebig
viele Paare mitmachen

Material: jedes Spielerpaar erhält
eine Rolle Toilettenpapier

Ziel ist es, seinen Partner mit Toilettenpapier, von
unten nach oben, wie eine Mumie einzuwickeln.
Sollte das Papier reißen,
kann es neu angesetzt werden.

Gewonnen hat das Team, dessen "Mumie"
zuerst so eingewickelt ist,
dass nur noch das Gesicht und die Füße
raus gucken.

Kerze auspfeifen

Mitspieler: zwei Spieler, die pfeifen können

Material: zwei Kerzen und ein Feuerzeug

Die beiden Kerzen werden auf einen Tisch gestellt, wobei der Abstand zwischen Kerze und Tischkante mindestens 30 cm betragen sollte.

Jeder Spieler kniet sich vor seine Kerze.
Um den Abstand von 30 cm einzuhalten, muss das Gesicht vor der Tischkante bleiben.

Wenn der Spielleiter das Kommando gibt, müssen die Spieler versuchen, die Kerze auszupfeifen.
Beide Spieler sollten gemeinsam ein Lied pfeifen (Beispiel: "Ein Männlein steht im Walde").

Schwierig ist es für die Spieler ernst zu bleiben, denn Lachen und Pfeifen gleichzeitig kann niemand.

Gewinner ist, wer seine Kerze
zuerst ausgepfiffen
hat.

Zum Wohl ...

... auf die Männerrunde
Witze, Trinklieder, Geschichten und Sprüche
rund um den Männerstammtisch

Softcover, gestanzt, Glanzdruck, 144 Seiten,
Format 12 x 17,5 cm, farbige Seiten
ISBN 978-3-9810368-1-6

... auf die Gesundheit
Witz & Spaß rund um die Gesundheit auf Arbeit,
in der Ehe & mit mehr oder weniger Promille

Softcover, gestanzt, Glanzdruck, 144 Seiten,
Format 12 x 17,5 cm, farbige Seiten
ISBN 978-3-9810368-3-2

... auf die Party
Witziges, Spaßiges, Einladungen, Rezepte,
Mottopartys, Spiele, Partygags u.v.am.

Softcover, gestanzt, Glanzdruck, 144 Seiten,
Format 12 x 17,5 cm, farbige Seiten
ISBN 978-3-9810368-2-4

... auf die Camper
Witziges rund ums Zelten, Campen, für jedes
Wetter und jede Laune

Softcover, gestanzt, Glanzdruck, 144 Seiten,
Format 12 x 17,5 cm, farbige Seiten
ISBN 978-3-940025-14-2

... auf die Wanderer
Witz & Spaß für alle lustigen Gesellen &
Wandervögel

Softcover, gestanzt, Glanzdruck, 144 Seiten,
Format 12 x 17,5 cm, farbige Seiten
ISBN 978-3-940025-15-9

Das ist Männersache
für alle Wandervögel & Stammtischrunden!
... über Männer, für Männer &
Männerfreundschaften mit Witzen, Sprüchen,
Trinkversen & -liedern

Hardcover, Glanzdruck, 64 farbige Seiten
mit Fotos und Karikaturen, 12 x 17,5 cm,
Innenstanzung mit Kräuterlikör, 0,1 l,
32% Vol.
Das Buch ist eingeschweißt.
ISBN: 978-3-940025-02-9

Männer
Lieder- & Humorbuch für gesellige
Runden mit Witzen & Trinksprüchen

Hardcover, Glanzdruck, 144 farbige Seiten,
Format 12 x 17,5 cm
ISBN 987-3-9807951-5-2

Saustark
Der Partyspaß für Erwachsene mit Liedern,
Witzen, Spielen & Rätseln

Hardcover, Glanzdruck, 80 farbige Seiten,
Karikaturen, Format 12 x 17,5 cm
ISBN 987-3-9808877-2-3

Frauen
Ein Handbuch mit ausgewählten Sprüchen,
Witzen und mehr

Hardcover, Glanzdruck, 144 farbige Seiten,
Format 12 x 17,5 cm
ISBN 987-3-9808877-4-x

Impressum

Konzeption: Andrea VerlagsGmbH

Gestaltung: Carmen Lang, Kathrin Wolff,
Kathrin Schmigalle, Anja Schlief

Ende

ISBN: 978-3-940025-16-6
- Printed in Germany -

Gebet einer Frau

Müde bin ich, geh' zur Ruh',
mache meine Augen zu.
Lieber Gott, ich bet' um das,
bevor ich schlaf, wünsch ich noch was:
Schick mir doch 'nen netten Mann,
der auch wirklich alles kann.
Der mir Komplimente macht,
nicht über meinen Hintern lacht,
mich immer auf seinen Händen trägt,
Jubiläen sich einprägt,
Sex nur will, wenn ich auch mag,
mich täglich liebt, wie am ersten Tag,
mir viele
Überraschungen macht,
mich ausführt,
schick bis in die Nacht.
So soll er treu
und häuslich sein
und mein bester Freund
noch obendrein.